Vente par suite du Décès de M. TH...

HOTEL DROUOT, SALLE N° 2

Les Lundi 23 et Mardi 24 Mars 1885

A DEUX HEURES

BON MOBILIER

En bois de chêne, noyer et palissandre

TABLEAUX, AQUARELLES ET DESSINS

MODERNES ET ANCIENS

PAR

H. Baron, E. Castres, Chaigneau, Luminais, J.-B. Millet
Washington, etc.

JOLIE COMPOSITION DU CORRÈGE

BRONZES D'ART, SCULPTURES

Bronzes d'ameublement de Barbedienne

10 KILOG. D'ARGENTERIE

LIVRES : ENVIRON 500 VOLUMES

Tentures, Literie, Tapis, Linge et Vins

EXPOSITION PUBLIQUE

Le Dimanche 22 Mars 1885, de une heure à cinq heures.

Par le ministère de **M⁰ CAILLEUX**, Commissaire-Priseur,
rue Lafayette, 88,

Assisté, pour les Tableaux et Objets d'art, de **M. B. LASQUIN**, Expert,
rue Laffitte, 12,

Et, pour les Livres, de **M. MARTIN**, Libraire, rue Séguier, 18.

PARIS — 1885

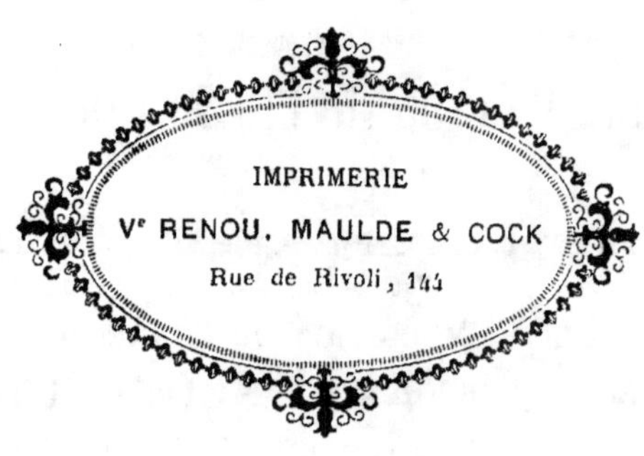

IMPRIMERIE Vᵉ RENOU, MAULDE & COCK, Rue de Rivoli, 144

NOTICE

D'UN

BON MOBILIER

En bois de chêne, noyer et palissandre

TABLEAUX, AQUARELLES ET DESSINS

MODERNES ET ANCIENS

PAR

**H. Baron, E. Castres, Chaigneau, Luminais, J.-B. Millet
Washington, etc.**

JOLIE COMPOSITION DU CORRÈGE

BRONZES D'ART, SCULPTURES

Bronzes d'ameublement de Barbedienne

10 KILOG. D'ARGENTERIE

LIVRES : ENVIRON 500 VOLUMES

Tentures, Literie, Tapis, Linge, belle Chasuble

VINS

DONT LA VENTE AURA LIEU

PAR SUITE DU DÉCÈS DE M. TH...

HOTEL DROUOT, SALLE N° 2

Les Lundi 23 et Mardi 24 Mars 1885

A DEUX HEURES

Par le ministère de **M° CAILLEUX**, Commissaire-Priseur,
rue Lafayette, 88,

Assisté, pour les Tableaux et Objets d'art, de **M. B. LASQUIN**, Expert,
rue Laffitte, 12,

Et, pour les Livres, de **M. MARTIN**, Libraire, rue Séguier, 18.

EXPOSITION PUBLIQUE

Le Dimanche 22 Mars 1885, de une heure à cinq heures.

PARIS — 1885

CONDITIONS DE LA VENTE

Elle sera faite au comptant.

Les Acquéreurs paieront CINQ POUR CENT en sus des enchéres.

L'Exposition mettant le Public à même de se rendre compte de l'état des Objets, il ne sera admis aucune réclamation, l'adjudication prononcée.

ORDRE DES VACATIONS

Le Lundi 23 Mars, à deux heures

Les Livres.

L'Argenterie.

Tableaux, Aquarelles, Dessins.

Bronzes d'art, Sculptures.

Chasuble, Linge et Garde-Robe.

Le Mardi 24 Mars

Batterie de cuisine, Vaisselle, Verrerie, Meubles, Tentures, Tapis, Literie et Vins.

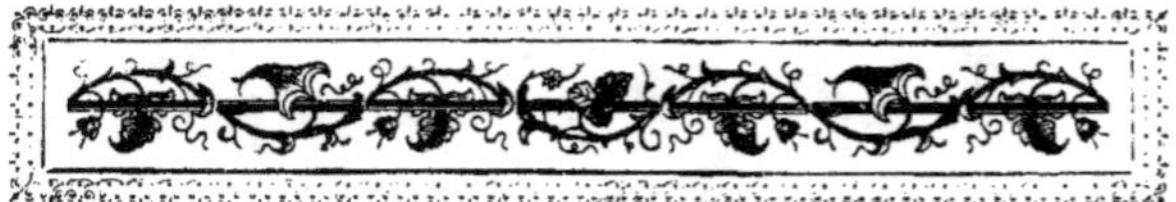

DÉSIGNATION

TABLEAUX, AQUARELLES, DESSINS

ANCIENS ET MODERNES

—

CORREGGIO (Antonio-Allegri, dit Il)

1 — La Vierge, Jésus et saint Jean.

> L'Enfant Jésus a quitté le sein de sa Mère; il se tourne vers le jeune saint Jean, qui est debout à droite.

> Ce tableau provient de la collection Paravey dont la vente a été faite le 13 avril 1878.

> Toile. — Haut. 0^m72, larg. 0^m58.

ADELSWARD (G. d')

2 — L'Ile de Croissy.

BARON (H.)

3 — L'Hiver.

Grand nombre de patineurs sur le lac.

CASTRES (E.)

4 — La Cuisine au couvent.

CHAIGNEAU

5 — La Gardeuse de moutons.

DAVID (G.)

6 — Le Départ pour la promenade.

Aquarelle.

ÉCOLE BOLONAISE

7 — Madeleine en prière.

ÉCOLE ITALIENNE

8 — Jésus et la Samaritaine.

ÉCOLE HOLLANDAISE

(XVIIᵉ siècle)

9 — Les Bûcherons.

FLANDRIN (H.)

10 — Deux Saintes.

> Étude à la sanguine pour les peintures exécutées
> par l'artiste dans l'église Saint-Vincent-de-Paul.

FRANCK (École des)

11 — Le Festin de Balthazar.

GAUTIER

12 — Paysage d'Italie.

GUIDO RENI (D'après)

13 — Sainte Famille.

Cadre en bois sculpté.

LUMINAIS

14 — Chasseur gaulois sonnant du cor.

MILLET (G.-B.)

15 — Troupeau de moutons près des meules de
blé.

POUSSIN (D'après)

16 — Le Sacrement de l'ordre.

TITIEN (Attribué au)

17 — La Mise au tombeau.

Dessin à la plume et à la sépia.

WASHINGTON

18 — Le Fauconnier arabe.

BRONZES D'ART SCULPTURES

ET FAIENCES ARTISTIQUES

—

19 — Le Fauconnier arabe, par Mène. Bronze de Barbedienne, frotté d'or.

20 — Bustes de Molière et de La Fontaine, grandeur deux tiers de nature. Bronze de Barbedienne.

21 — Deux Bas-reliefs en bronze de Barbe-dienne : Naïades, d'après Jean Goujon.

22 — Groupe en bronze à patine brune : Her-cule précipitant Lichas dans la mer. Style Louis XIV.

23 — La Danse, par Carrier-Belleuse. Bronze de Lemaire.

24 — Pénélope. Bronze de Barbedienne, d'a-près Cavelier.

25 — Garniture en bronze et marbre noir, de chez Barbedienne, composée d'une Pendule avec groupe des Parques, et de deux Candélabres.

26 — Terre cuite, par Carpeaux : Napolitaine en buste.

27 — Deux jolis Flambeaux de style Louis XVI, en bronze ciselé et doré, modèle de Gouthières, à cariatides et guirlandes.

28 — Beau Christ en ivoire sculpté, dans un encadrement cintré en bois doré. Travail français, époque Louis XIV.

29 — Beau Bas-relief en marbre blanc sculpté du xviiᵉ siècle, représentant la Sainte-Trinité. Cadre en bois sculpté et doré de l'époque, avec attributs.

30 — Deux petits Médaillons ovales en ivoire sculpté en bas-relief du xviiᵉ siècle. Bustes d'homme et de femme.

31 — Miniature : Portrait de jeune femme en costume Louis XVI, dans un cadre ovale en bronze ciselé et doré, à feuilles de laurier.

32 — Miniature : Portrait de Léonard de Vinci. Cadre en cuivre.

33 — Deux beaux Plats en faïence de Deck, à décor persan.

34 — Deux Médaillons ronds en faïence de Choisy-le-Roi, à fleurs en relief sur fond blanc.

35 — Deux Plats en faïence, décorés de sujets
et de fleurs, genre Marseille.

36 — Service à dessert, en porcelaine moderne
de Sèvres, décor d'oiseaux. Marli gros
bleu et or.

37 — Belle Chasuble neuve brodée.

ARGENTERIE

Environ dix kilog. d'Argenterie : Couverts
de table, d'entremets et de dessert, Tasses, etc.

Service de Couteaux de table et de dessert à
manches d'ivoire.

LIVRES

Environ 500 Volumes bien reliés : Ouvrages
de Théologie, Littérature, Sciences et Arts,
Livres à figures, Classiques.

MOBILIER

ANTICHAMBRE

Meubles d'antichambre en chêne

SALLE A MANGER

Ameublement de salle à manger en bois de noyer à filets noirs.

Composée d'un grand Buffet à deux corps, un Dressoir, une Table à rallonges, et douze Chaises couvertes en maroquin.

Suspension en cuivre.

Porcelaine, Verrerie, Cristaux et Services de table.

SALON

Ameublement de salon en palissandre, couvert en velours capitonné, composé de deux petits Canapés, un grand Canapé, quatre Fauteuils et six Chaises, plus quatre Rideaux de fenêtre de même étoffe.

Table de milieu en marqueterie, genre Boulle.

Meuble d'Entre-deux en marqueterie, genre Boulle.

Piano droit en palissandre, de chez Pleyel.

Glaces, Lampes, Jardinières, Garnitures de foyer, etc.

—

CABINET DE TRAVAIL

Bibliothèque, Cartonnier, Bureau-Ministre, en chêne sculpté, Fauteuil de bureau.

Canapé à trois places, deux Fauteuils et quatre chaises en chêne sculpté recouverts en velours vert.

Galeries de croisées. Tablette de cheminée et grande Glace en chêne sculpté.

Pendule en chêne à sujet en bronze : le Penseur, de Michel-Ange.

Deux Candélabres en bronze à six lumiéres, sur pieds, en chêne sculpté.

Flambeaux, Encriers et Ustensiles de bureau en bronze.

Tapis et Rideaux.

CHAMBRES A COUCHER

Ameublement en palissandre composé d'une Couchette, une Armoire à glace, une Commode et une Table de nuit.

Literie.

Garniture de cheminée en onyx et bronze.

Garniture de foyer.

Deux Fauteuils et quatre Chaises en palissandre, garnis de velours capitonné.

Chaises garnies de tapisserie.

Table à ouvrage.

Rideaux de fenêtre en reps bleu à bordure.

Petits Bronzes et Objets divers.

Meubles de chambre à coucher en acajou :
Couchettes, Armoire à glace, Commode, Toi-
lettes, Secrétaire, Tables de nuit.

Literie.

Sièges divers.

Rideaux de lit et de fenêtre en cretonne.

Galerie de foyer, Pendules, Lampes.

OBJETS DIVERS

Ustensiles de cuisine et Meubles divers.

Linge de table et de ménage.

Garde-robe d'homme.

VINS

Environ 25o Bouteilles de vin rouge ordinaire.

Environ 2oo Bouteilles de vins fins divers.

Vᵛᵉ Renou et Maulde, imprimeurs de la Compagnie des Commissaires-Priseurs,
rue de Rivoli, 144.   500—56133